Digte 2024

— eksistentielle betragtninger

AF666208

le Berthélaine

Tolv for en daler

» Digte 2024 «

le Berthélaine Media

le Berthélaine
Kunstner, forfatter og kritiker.

Uddannet v. Aarhus, Odense og Københavns universiteter.

Indenfor:

- Skrivekunst
- Litteratur- og kunsthistorie
- Filosofi

Lyrisk emne:

- Dialektikken mellem eksistens og det kontemporære samfund.

  »Tempora mutantur et nos in illis.«
  (Tiderne skifter, og vi med dem.)

Lyrisk form:

- Hybrid og samplende gestalt.
- Bunden såvel som ubunden metrik.
- Fri syntaks og omvendte ordstillinger.

Digte 2024 — eksistentielle betragtninger
© 2024 le Berthélaine

Alle rettigheder forbeholdes.
Eftertryk og konvertering til andre medier er forbudt, og enhver mulig gengivelse er kun tilladt i nøje overensstemmelse med gældende lov om ophavsret og hertil indgåede Copydan-aftaler.

Forlag: BoD • Books on Demand GmbH, In de Tarpen 42,
22848 Norderstedt, Tyskland
Tryk: Libri Plureos GmbH, Friedensallee 273, 22763 Hamborg, Tyskland

Sat med Candara, Aptos, Abadi, Bierstadt o.a., str. 9-12.

ISBN-nr: 978-87-4305-854-0

Illustrationer

Omslag, forside: *Hygeia*, udsnit af 'Medicine' (1907), Gustav Klimt, reproduktion. wikimedia.org/Klimt_Hygieia / factum-arte.com/pag/1171/

Slutside: 1000kr seddel (2009), Danmarks Nationalbank. nationalbanken.dk/media

Omslag, bagside:
MG4 Electric XPower, foto evkx.net©. mg4_electric_xpower/gallery/
Medicinske injektionskanyler.

Indholdsfortegnelse

eMotion

I

Egoing
det er morgen for det jeg må gøre
og en rigtig klassiker
stå på arbejde
og med et 418 watt batteri
er der ikke langt
og er med sin lave indstigning
uden undskyldning ingen
og walk-assist ved hjælp
spinner det grønne hamsterhjul spinner
og bagagebærere for- og bagpå
'O' hvem der bare var en elcykel
model Læsø

– ladetid 5-6timer –

II

Recharge yourself
det er eftermiddag for det jeg skulle
og således den fremtidsorienterede løsning
flippe i fitness
og markante LED-forlygter kombineret med
uforglemmelige blinklys
uden undskyldning ingen
og et rent drejningsmoment på op til 350 Nm
vælger jeg frit vælger
normal-, Eco-, Sport-, Snow- og Custom-kørestil
og tre sæt nær- og fjernlys i hver side
er drømmen jeg mig indenfor rækkevidde
'O' hvem der bare var en elbil

model MG4

– fra 10-80% på 26-38 min –

III

Lithium
det er aften for det jeg burde
og giver dig alt hvad du har brug
tørre vasketøjet rent
og en rækkevidde på op til 25 km
uden undskyldning ingen
og stabil opbremsning
ruller jeg mig i førersædet med dette løbehjul ruller
og kan opnå det fulde potentiale
af det jeg mig ønske mig som jeg
og giver dig en førsteklasses køreoplevelse
når jeg stiger på montagen af dagligdag stiger af
'O' hvem der bare var et elektrisk løbehjul
model N7 Pro

– 36V 7.5 ah/10ah –

IV

Humanoid
det er nat for det jeg ville
and propel humanity forward
sove dybt syv timer
and special-purpose robots
som et lille præ-digitalt barn
and piloted in both the physical world
and in the virtual world
uden undskyldning ingen
and system that's capable of executing human-like tasks
indstiller jeg min AI indstiller

modum boost, e-save, regular, standby, recharge samt
night-off
and sustainably, helping to address
livet mig insomnia jeg on-line
enerveret nervecenter for søvn
'O' hvem der bare var et elektrisk menneske
model Phoenix™ gen7

– Carbon^{tm} human-like intelligence –

'I'h med slukkefunktion 'A'h
omsider sove syv timer
'O'le luk

jeg mig godnat e-drømme mig

Introducing Phoenix™ gen7

"It's incredible to see the progress that has been made ..." said Geordie Rose, CEO and Co-Founder of Sanctuary AI. "With Generation 7, we have a system that we believe is the most closely analogous to a person of any available. We see this as not only the cornerstone of general purpose AI robotics but a critical step on the path to artificial general intelligence, and we're thrilled to be leading the charge on it.

Samplingskilder:
Strofe I: kildemoes.dk/kildemoes-laso-dame-elcykel
Strofe II: mgmotors.dk/biler/mg4-electric/
Strofe III: elektronikhjulet.dk/products/h7-elektrisk-lobehjul
Strofe IV: /news/sanctuary-ai-unveils-the-next-generation-of-ai-robotics/
Epilog: Ibid

Blyregn

— af farven blyregn —

Tungsind sig dvæle marken, kvæle
plovfure for plovfure som ure
ensrette tidens ar
og flyder over mætningspunktet
i livløs bar.

Monotoni sig overrisle marken, frø som tidsel
plovfure for plovfure som ure
drukne ventetidens æg
og blyforgifter årets første trimester
er massefylden kolloid og to klæg.

— affarvet af blyregn —

Søer sig udfælde, uden ilt og med ælde
plovfure for plovfure som ure
spejle hydrogen 'O' skyen
og gråner tvefold som var der ikke kom
spirer opløsningen byen udenom.

— af tyngden blyregn —

Afgrøde sig vente klokken, det slag sig tikke
plovfure for plovfure som ure
pløre stop-motion *con anima*
og opliver det oplevende forår
smatter til i stilstand uro, cirkle *mira*.

Bundet i kolloid sidde vandet fast, i brud som bast
plovfure for plovfure som ure
ridse den brune plov, røden
og himler dagen fra i går evig og idelig for i morgen
gærer atter grøden.

— drukne blyregn af —

Fremtidens klima i Danmark byder på højere temperaturer, mere regn og generelt flere ekstreme vejrhændelser.

Den globale opvarmning er i gang [og] De højere temperaturer ændrer også nedbørsmønstrene, som vi kender dem i dag. Målinger viser, at den årlige nedbør i Danmark er steget med ca. 100 mm over de seneste 100 år. Denne udvikling fortsætter. På tværs af landet falder der mere regn om foråret, om efteråret og særligt om vinteren. Derudover bliver skybrud og kraftige regnhændelser endnu kraftigere og forekommer hyppigere frem mod år 2100.[i]

---

[i] Epilog: dmi.dk/klima-vejretidanmarkblivervarmerevaadereogvildere

På 25 år er danskernes medicinforbrug fordoblet.

Hil medicinskabet

'O' Sertralin[1]
Gudherren min
#
komme dit rige ske din lykke
'blinke, funkle' *marmairein*[2] lokke
glansens smykke de kollaterale tab
med recept i hånd
gå jeg til alters
træk et nummer
sort på rød
således også på jord;
giv os i dag vort daglige lykkebrød
er jeg af din hird
Citalopram Fluoxetine Paroxetine
skønne som Hellas marmor

'O' Atorvastatin
Gudherren min
#
led os ikke ind i Dyslipidæmi og fristelse
ske 'den salvede' *Hamashiach*[3]
frels os det onde fri
LDL-kolesterol
og forlad os vor frås
som også vi forkalker vore ventetider
delt udelt med delekærv

---

[1] Sertralin: antidepressiva, anxiolytikum.
[2] gr. marmairein: blinke, funkle.
[3] hebraisk, Hamashiach: Messias den salvede.

risiko hørt
stene buddet om HDL alt
er jeg af din hird
Lovastatin Simvastatin Rosuvastatin
skønne som Indiens døtre

'O' Amlodipin
Gudherren min
#
helliget vorde dit navn
pharmacia[4] 'gift, medicin, magi'
gavn væske
den snitlige 'længe leve!' alderen
du som er i himlene
systolisk apostolisk diastolisk
søjle sig bly i glas
puls hård
furioso[5] bruse blodet los
er jeg af din hird
Isradipine Nifedipine Felodipine
forførende som Jennahs jomfruer[7]

'O' Semaglutid
Gudherren min id
#
thi dit er riget og magten og kødet
i evighed *Hygieia*[6]
hil
tabletta capsule tinktur plastrum

---

[4] gr. pharmacia: gift, medicin, magi.
[5] lat. Furioso, musikterm: på en hektisk, vild og-eller oprevet måde.
[6] Hygieia, gr. gudinde for sundhed og hygiejne.

BMI
omen som amen

huri[7]

[7] Huri: pige med smukke sorte øjne hjemmehørende i Jennah (religiøst paradis).

Apotekerforeningen

Tabel 1: Top 10 lægemidler udleveret på apoteket i 2022 - målt i døgndoser

Lægemiddelstof	Niveau 2022			Ændring ift. 2021 pct.		
	Døgn-doser, mio. DDD	Omsæt-ning, AIP, mio. kr.	Paknin-ger, mio.	Døgn-doser	Omsæt-ning	Pak-ninger
*Atorvastatin[1]	319	24	1,7	11,9	1,4	12,6
*Losartan[2]	207	69	1,4	7,8	35,4	7,8
*Amlodipin[2]	175	15	1,2	2,7	20,9	4,0
Paracetamol[3]	163	228	11,0	6,5	8,9	6,6

*) Hjerte-kar-lægemidler

1) Kolesterolsænkende. 2) Blodtrykssænkende. 3) Smertestillende.

Tabel 3: Top 10 lægemidler solgt på apoteket i 2022 - målt i kroner og øre

Lægemiddelstof	Typisk anvendelse	Niveau		Ændring ift. 2021 pct.	
		Omsæt-ning, AIP, mio. kr.	Døgn-doser, mio. DDD	Omsæt-ning	Døgn-doser
Semaglutid	Diabetes	663	25	47,4	49,7

Semaglutid mod diabetes-2 og overvægt var det mest omsatte i kroner og øre

---

Intro: farmaci.dk/artikler/2024/05/danmark-paa-piller
Fakta/tabeller:
apotekerforeningen/analysersundhed/nyhedsbrevsanalyse-om-medicinforbrug-og--udgifter-i-2022
apotekerforeningen/lgemidler-i-danmark-2022-23
Fri inspiration: pro.medicin.dk/

Ensomheden

I

dybt kvæles mange skrig i selvmord
som små indespærrede flyttekasser og papmache
klæbe
tilværelsen af bagsiden slikke
de fade frimærker ingen sende længere
som breve
uden

II

øde vokser øer ingen palme og turistbrochure
som skygge af temperaturen mørk og viskøs
drive
skibbruden blanco beskedflaske
tankens bundvending
er enehed den hårdeste modtager ven
uden

III

i sprækken maser farvereklamer ja tak nej
en sort hvidtet aften
flakke
entreen herfra og til lænestolen
er lunten kort at slå ihjel en lang helligdag
din nabo selv
uden

IV

i pille timeglas tynde vægge sander
livet kvarts korn og glas ud
splintre
den inderste stue sin rulle stilstand
tordne og løbe ud løberen alene rød

flygte jeg mine egne fremmede opgange
uden

forløsnings forløsning
— er det ikke godt, at mennesket er alene —

Ensomhed

I Danmark føler 598.000 voksne sig svært ensomme og 20.000 børn i alderen 11-15 år føler sig ofte eller meget ofte alene.
At være ensom i en kort periode er helt normalt. Men at være langvarigt ensom er alvorligt og kan ... medføre alvorlig mistrivsel, dårlig søvn og hovedpine og øge risikoen for hjertesygdomme og psykisk sygdom.

Epilog: sammenmodensomhed.dk/praktisk-information/

Dr1 dokumentar

En voldsom og tragisk arbejdsulykke gjorde ham lam fra skuldrene og ned. Nu 3 år efter har han besluttet sig for, at han vil dø. Problemet er bare, at han ikke selv er...[i]

Eutanasia[ii]

bliver jeg bange

på tirsdag om præcis en uge
lammet fra halsen og ned
gjorde eddermame ondt
i savlende stedet for
fjerde nakkehvirvel til hjernen
er knust
ilt om jeg fortryder
i sidste øjeblik
er jeg død

i livskvalitet på tirsdag
savner
at blive rørt ved
at kunne mærke at blive rørt ved
at kunne røre ved
i stedet for savlende lykke til tredje nakkehvirvel
er brud
ikke eksisterende
er jeg død

i arbejdsbilen på tirsdag
ad den store hvide sammen med rygmarven

savlende femte nakkehvirvel i stedet for ilt
er knækket
egne tænder at klø
umiddelbar livsglæde som allerede fascinerende
selvmord
er en ensom handling
er jeg død

i sidste udløbsdato på tirsdag
kender den dødsdømte
i teorien også appel
nedsat hørelse
er pillet ud
marv hvirvel i stedet for
happy time its sadness
asking euthanasia
er jeg død

lidt om lige
denne gang for tak
er træt
dig du ved jeg elsker

Det Etiske Råds udtalelse om dødshjælp (2023)

6.2.1 Retten til liv og livets ukrænkelighed

Dødshjælp er et drab. Det kan lyde som et farvet ordvalg, men det er også, teknisk set, hvad der finder sted, når der er tale om eutanasi. Spørgsmålet er, om drab altid, under enhver omstændighed, er forkert?

Den principielle indvending mod nogensinde at slå et andet menneske ihjel formuleres nogle gange som et princip om livets ukrænkelighed. Argumentet lyder, at princippet om menneskelivets ukrænkelighed udgør en grundlæggende etisk norm, og at en lovliggørelse af dødshjælp vil stride imod denne norm og bidrage til at underminere respekten for liv. Termen 'ukrænkelighed' repræsenterer en fastholdelse af, at noget uvurderligt går tabt, hver gang et menneske dør, også uanset hvordan dette menneske selv, eller andre, værdsætter den konkrete livssituation.[iii]

---

[i] Prolog: dr.dk/drtv/serie/paa-tirsdag-skal-jeg-doe_349498

[ii] Digt skabt som en fri mosaik af citater fra Dr-dokumentaren: "På tirsdag skal jeg dø."

[iii] Epilog: Etisk Råd, udtalelse om dødshjælp (2023)

Organ trafficking
"the circulation [of organs follow] established routes of capital from South to North, from East to West, from poorer to more affluent bodies, from black and brown bodies to white ones and from female to male or from poor, low status men to more affluent men. Women are rarely the recipients of purchased organs anywhere in the world."[i]

Organtrafik

I

'O' træt af metal og slid, tung
dø organers ung
forgiftet med grå hår blåne alle år
det kroppens vår

af *pancreatitis* syg
skal nogen løbende forsvinde, blot ikke mig – sig
der købe, nyt liv for jeg
i sortsvedne lande
arbejde de kirurgiske team i tandem.

II

'O' indtag af partikel og plastik, tjære
gennem hindes barriere
diffundere host, savl og spyt
det kødets yt

af *pneumonitis* ramt
skal nogen hvæsende kvitte sortimentet, dog nej – mig
der tvinge, med eller uden pigevinge – for jeg
i døtrene lande
skære de kirurgiske team i tandem.

III

'O' filtration, mæt af balance *sine* kulance
synge nefronet sin elegi sidste chance
Cl- domino Na+ plasma utak
forstyrre ingen elektrolyt min etik

af *nephronitis* dårlig
skal nogen urinere rendestenen, den anden – ende
riges jeg
der berøve, børn i øst for paradis retning
de vestlige lande
hvæsse de kirurgiske team i tandem.

IV

'O' oxygen hjertet mangle, infarkt
pumpe stand defekt
stråle dødpine sig sin kæbearm venstre
uden blod uden A uden B negativ fødes man en astra

af *myocarditis* lide
nogle mere righeldige end andre
i kår fattig-lem uden huld
der lokke, med skovgrøn og guld
i ulande
knive de kirurgiske team i tandem

længe leve den *affluente*[1]
med døden til følge

---

[1] affluent (adj.), lat. "abounding, rich, copious," literally "flowing toward," ... The notion in the figurative Latin sense is of "a plentiful flow" of the gifts of fortune..." etymonline.com

"As with human trafficking for other exploitative purposes, victims of trafficking for the purpose of organ removal are often recruited from vulnerable groups (for instance, those who live in extreme poverty) and traffickers are often part of transnational organised crime groups. Organized crime groups lure people abroad under false promises and convince or force them to sell their organs."

[i] Prolog og epilog:
unodc.org/documents/human-trafficking/...RemovalofOrgans.pdf

NÅR KOMMUNIKATIONEN SVIGTER
inspiration og gode råd til pårørende til mennesker med demens

Senere i [demens]forløbet vil det ofte være nødvendigt at bruge kompenserende strategier, fx piktogrammer, symboler og foto. Rim og remser, musik, sange, fysisk aktivitet og bevægelse er ofte ressourcer og evner, der bevares langt hen i sygdomsforløbet.[i]

Alderdomsheden

Er folketrætheden sat i værk
for *dig og mig og vi to*[ii]
kalke verden til
med forsinket tab hukommelse
ende
samfundet kollekt for gud og hver
divan sædebadekar puf
for *dig og mig og vi to*

er blodtryksheden sat i værk
hjemme i min farmors hus
bo de gamles by
som demografiske enestuer over
pyntegardiner vægplatter potteplanter
visne
med hovedet hisset
hjemme i min farmors hus

er hørehæmmetheden sat i værk
over isen med avisen så gik grisen
er det ny grå
koste den sidste øre det aflagte
garderobe vitrineskab chatol

hviske
døden det døve øren til
over isen med avisen så gik grisen

er dementheden sat i værk
oppe i gardinerne hænger appelsinerne
dér tiden falder kort en lang
klinger erindringen en trekantet
runger trubaduren den tabte stang
forsvinde
chiffon tyl duchesse
oppe i gardinerne hænger appelsinerne

er blindheden sat værk
i fald den er go' to mark og to
katarakt grøn stær mærket
fremtid se linsen sort ud
sjal skørt cardigan
mørkne
statistikken den blå time asyl X ti
i fald den er go' to mark og to

gul af alge
Alzheimer
remse remsen
immer
— *Abel spendabel hvad koste din sabel* —
den dag rim mig beramme

glemme ingen
gyri
om år føje
— *ælle bælle mig fortælle* —
Begøje
den dag rim mig beramme

Antallet af danskere over 80 år stiger støt. Med flere ældre stiger også andelen af danskere med multisygdom og kroniske sygdomme ... Samtidig ser vi ind i en fremtid med markant mindre ungdomsårgange. I 2040 vil antallet af danskere på over 80 år eller mere være steget med knap 70 procent.[iii]

[i] **Prolog:** videnscenterfordemens.dk/ ... naar_komm_svigter ... web.pdf

[ii] **Sampling rim og remser:** klaverleg.dk/sange/ / boernehulen.dk/rim-og-remser/

[iii] **Epilog:** regioner.dk/sundhedsstrukturkommission/sundhed-i-tal/demografi/

Nationalbanken

1000-kronesedlen bliver ugyldig efter 31. maj 2025.

Udstedt: 2011 Format: 165 x 72 mm
Motiver: Storebæltsbroen | Solvognen fra Trundholm Mose.

... alle øvrige sedler fra den nuværende seddelserie med broer og oldtidskunst (2009-serien) [fortsætter] med at være gyldige.

Indløseligheden

I

Oh jeg knitre
Lille verden
en pengeseddel om at være – indløselig
omkring 1867 på øen Fænø i Lillebælt
ere sedlen hundrede kroner over broen til
Fyn og Barndommens gade mellem tvende Jylland
spadsere jeg indre København
— *på bagsiden af 10-kronen, ses tre løver og ni hjerter* —
i strid vind længere nede
slå jeg mit nakkerevers tilbage mod rygningen
ad Havnegade 5
fredet som den hidtil yngste bygning
Nationalbanken
opgraderet sikkerhed – oh løbenummer
cifre ni

II

Oh jeg trille
Lille verden

en mønt om at være – påtrykt værdi
i cirkulation sammen med den nuværende
ere kronen tyve styk ornamentik
siden 800-tallet med hendes dronningen
marchere jeg Knippels bro i ring
— *omgivet af en cirkelformet ramme under en krone* —
i regn fra vest
knappe jeg halsen til og mig skutte
om Holmens Kanal
er en helt særlig norsk marmortype
Rand: afbrudt riflet
teknisk specifikation – oh hologram
blive halve tal hele

III

Oh jeg folde
Lille verden
en billet om at være – gangbar
i 1818. Napoleonskrigen og den galopperende inflation
ere plovmanden indgraveret i den kultur danske muld
bag hestens ganske land siden old
flankere jeg Børsen i sold solidus[1]
— *sat på hjul for at kunne gengive solens bevægelse* —
over sky fra syd
øge jeg tempo og svinger mod vande
rundt Niels Juels Gade
dekoreret med cirkulære linjer og spiraler. Sådanne
Materiale: Kobbernikkel

---

[1] *Solidus*, l. (sc. nummus, Mønt), pl. Solidi, Solider, en paa begge Sider præget Mønt af Guld eller Sølv. Meyers Fremmedordbog.

kaldes 2009A-serien – oh sikkerhedstråd
sanse kobbertryk

IV

Oh jeg flippe
Lille verden
en daler om at være – kurant
så kontanter forbliver et sikkert og
ere portrætter af skelsættende virke
Karen Blixen | Kentaur i Landet Kirke
rundere jeg krydset med admiralen hvis yrke
— *Rosetter med det lille rigsvåben* —
løjer det af læns fra
kanalen langs Holmen
hviske de indløselige navne hjørnet om Jacobsen
forbinder Kalvehave på Sydsjælland med Møn
Materiale: aluminiumsbronze
udgår 1000års vekslen – oh *at være*
en del af den bærende konstruktion

mens seddelmønter forgår
som visne
som udhule
som ruinere
guldindløseligheden
den man drømme

om at være – gyldig

ægte uforfalsket og agte
bånd med perlemorseffekt

for guld og hver mand

Nationalbanken:

I perioden frem mod at Danmark får helt nye sedler i 2028-2029, opgraderer Nationalbanken sikkerheden i den nuværende seddelserie. ... De sikkerhedsopgraderede udgaver af sedlerne ligner meget de foregående udgaver, som også fortsat vil være gyldige. Men der er forskelle, som du kan kigge efter, så du ved, at du har en af de nye sedler i hånden.

Nogle sikkerhedselementer som hologram, vandmærke og mikrotekst er de samme som på de tidligere udgaver, men der er også tilføjet nye elementer, som du kan se her på siden.

Bånd med perlemorseffekt:

På sedlens bagside – den uden broen – går et bånd med perlemorseffekt ned over hele sedlen. Båndet er trykt med en svag, lys blå farve og består af et mønster og den pågældende seddelværdi. Det ses bedst ved at se skråt ind på sedlen. Mønsteret er unikt for hver seddelværdi.

Prolog: nationalbanken.dk/da/fremtidens-kontanter/gyldige-sedler

Samplingskilde: nationalbanken.dk

Epilog: nationalbanken.dk/da/vores-arbejde/sedler-og-moenter/sikkerhedselementer-i-sedler

Average hold time & its business significance

Putting customers on hold is a part of any contact center operation and is here to stay. ... Customer experience goes for a toss: Reducing the average hold time is crucial for call centers aiming to provide exceptional customer experiences. Long hold times can lead to impatience, frustration and a negative perception of your brand...[i]

Du er nu nummer...

— på medhør —

I

ønsker du en gruppeforsikring... som en app
vente jeg tiden Vivaldi
blive til vinter blive til forår på nippen, til efterår
tager kun fem minutter i Aldi
mens
køen til kassen
vokser onsdagen ud
i rækken af dage
trække jeg nummer... i langdrag atter
uvidende manipuleret til

II

har du en igangværende... som en firkant
trykke jeg Mozart
blive til elevator blive til venteværelse på forkant, til
MOH[1]
ny genre muzak
mens
det 20.århunderede hører intet hører alt
forløber årene på fabriksgulvet
teknik ›Stimulus Progression‹[2]
dig og huje mig i omdrejning... nu nummer tretisyv
forsætlig forarbejdet til

---

[1] MOH: Music On Hold

[2] ›Stimulus Progression‹: musikbegreb, baggrundsmusik udviklet for at øge arbejderens produktivitet. "Hi-Ho, It's Back To Work We Go"

III

opgiv dit cpr… som følgende valgmulighed
taste jeg 6 for jazz
tone klaver til saxophone til trombone magelig, til ro
instrumental bass
mens
jeg lytte antallet af etager defilere
forbi ventesalen
det lukkede tid-rum forgemak
stase mig ned… i gear indkøbscenter
sagesløst skematiseret til

IV

vi forventer at kunne besvare dit… som en indtalt
besked
ringe Bach veltempereret tilbage med Mit-Id
lyde cembalo til fløjte til obo, din chatrobot
hvad kan jeg hjælpe med
mens
Josephine navngiven Mathilde som Emmeline
snakker papegøje for undulat
i det orangerøde neuronfelt tukan
tachycardia[3]
nerveping *sympaticus*[4]

at smadre røret
adrenalin
— på medhør —

---

[3] Tachycardia: forhøjet puls
[4] Sympaticus: Det sympatiske nervesystem styrer binyremarven og regulerer reaktioner på vrede og frygt og gør kroppen "kampklar".

The art and science of being on hold

Not content to let customers sit back and enjoy some light jazz, companies have turned hold music into a marketing exercise.

They say silence is golden. But when it comes to being kept on hold at the end of a phone line, not so much. In fact, in the world of on-hold music and messaging, "silence is the sound of a missed opportunity...

Nature abhors a vacuum, particularly when that vacuum is the wait time experienced by a caller on hold with – worst-case scenario – an insurance company or a bank. That's why hold music was created, as a space filler, a time killer, a way of mitigating the unpleasant no-man's land of waiting.[ii]

---

[i] Prolog: sprinklr.com/cxm/average-hold-time/

[ii] Epilog: bbc.com/worklife/article/20180817-the-art-and-science-of-being-on-hold

'Fem i Syv' (1988), legestue: klippe-klistre med Jørgen Clevin

"Hm hm, ja vi skal have det rigtig rart og morsomt, for vi skal lave nogle ting ... og jeg vil gerne vise lidt om, hvad man sådan kan gøre. Vi har jo meget, man kan bruge, gode gamle ting, der ikke skal bruges til noget andet..." [i]

At stå på hovedet i…

I

'O' pap og karton
ere det fælles ansvar
mig om at gøre – din natur
sendes direkte til genanvendelse
karton ja tak
æsketøjssko
ville det være en forseelse
at smide i ›Restaffald‹
flamingo nej tak
som genbrugsfund

'O' pap og karton
ere Red Barnet og verden med badevandet
nær dybest – standvand
siden dengang
Arktis var ung
æggebakker samt paprør fra toiletpapir
leger Clevin med køkkenruller og ymer
som havregryn og cornflakes, æsker fra tandpasta
har jeg bare at smile smilet
tygge jeg *maché* [ii]

II

‘O’ mad- og drikkeemballage
ere din og børn mine fremtiden
dig om at gøre – vort miljø
plast og aluminium. Når du sorterer korrekt
juice tak ja
skruelågsyoghurt
ville det være fordækt
at dunke i ›Tekstil‹
pizzabakke snagvendt nej tak
som udtjent stanniol bestik

‘O’ mad- og drikkeemballage
ere prognosen vejrliget
med eller uden Andrea – lokal brudsky
husker du
Maldiverne Kiribati ørige Tuvalu
tøm og fold emballage
flyder en 140l overfuld beholder de evige oceaner
som ligeledes har to rum
har jeg bare at trampe trampet
sigte jeg ikonet

III

‘O’ metal
ere pligt
vi om at gøre – ene Gaia
mister ikke kvalitet, når det smeltes om
armaturer tak Alu ja
vanddåsesoda
ville det være – tvivlsomt
at kaste i ›Glas‹ pvc
hus du bo kanyle nej tak
genanvende jeg zink

‘O’ metal
ere udsigten toksisk
forringet kvalitet – næste generation
ihu mormors loft *swingelingeling*
når du finder tingeling
som *cykler, køkken- og haveredskaber og biler*
Hulter til Bulter
uendeligt mange gange og indgå
har magi jeg bare at se-bruge-gense
de klassiske børneprogrammer

ifald der blive en næste
sæd
udgået børneserie
at gæste

'Hulter til bulter' (2009), børnetime med Hart og Klein

Børnenes primetime på DR1 har til efteråret et nyt es i ærmet. ... et fantastisk, rodet, mystisk, sejt og spændende loft, der flyder med sjove gamle sager.
Børnene indføres i det magiske univers, hvor glemte sager fortsat kan rumme poesi og værdi, og hvor gamle 'gemmere' vækkes til live og fornyet fornøjelse. Kun fantasien sætter grænser. Også mor og far kan med fordel se med, og opsnappe nogle tips ... i finanskrisens tidsalder – dvs. med en solid portion gode argumenter for genbrug.[iii]

---

[i] Prolog: Fem i Syv, Legestue med Jørgen Clevin
[ii] Samplingskilder: raad-og-vejledning/affaldstyper-saadan-goer-du / musixmatch.com/lyrics/Sebastian-Louise/Ryd-Op
[iii] Epilog: dr.dk/presse/hulter-til-bulter-nyt-bu-program-inspirerer-ungerne-til-sang-leg-og-genbrug

Regeringens landdistriktsudspil august 2024

Det er ikke desto mindre en udfordring, når borgere i landdistrikterne oplever, at udviklingen går hen over hovedet på dem. Når fx tomme boliger, færre butikker, lukkede institutioner og fraflytning til byerne sætter levevilkårene i landdistrikterne under pres...[i]

Udkantheden

I

— at dekantere —
de tomme boliger[ii]
gale deres nød i karmen til vinduet
ønske ingen at indbo
med sin hjemlige stol stolpe dør malerisk
som søernes flader[iii]
tapet skalle husmuren med sine mønstre
fulde af snavs af stjålne cykler
ingen vil at cykelspænde længere
omkring stavnsbåndet ophævet
fraflytning ere tilflytning
for fremmed i det urbane landskab hjemme
i klapvogne uden kopholder
med engelsk
balance

II

— at degustere —
levevilkårene i landdistrikterne
råbe deres mangelvare
ingen vil udleve
med sine kørselsmæssige fradrag

når boligpriserne stiger
til tagrenden med bro sten café latte
klippede buske ned i Ørstedsparken
toppet af rentefald, barista og FOMO
for at forhindre mænd i at mødes
med sine Land og Folk i Fælledparken
at byen er for de rige
dyrker gentrificeret pilates
tom for arbejderlurvet afkom
leger lige børn ere bedst, Hilfinger pullover
med 70'er huller på knæ
kender hinanden
og ved, at man har brug for hinanden for at lykkedes
med chik
Østerbro

Et sammenhængende Danmark

Livet i Danmark leves på mange forskellige måder. Vores hverdag spænder lige fra livet på landet, i landsbyer og købstæder til livet i de store byer. Det er et særkende og en kvalitet ved Danmark og danskerne, at vi er forbundet på tværs af landet, selvom vores hverdag og liv kan være meget forskelligt. Men derfor skal vi alligevel passe på, at balancerne og forskellene ikke bliver for store. Der skal være muligheder for udvikling for alle. Den balance arbejder regeringen politisk for at sikre. For den er afgørende for et sammenhængende Danmark til gavn for os alle.[iv]

III

— at devaluere —

lukkede institutioner og fraflytning
gabe deres nedfaldent loft
ingen acceptere i hovedet
med sine mange låne rente mulighed og F1
Ude paa Landet, tæt ved Veien, laae et Lyststed[v]
hvor den grimme *Gaaseurt* stå den forkerte
vinkel side skel stakit
indkant ere udkant
spidser sammenhængen
er at jeg engang nok må flytte
mens lærken hensygner eventyret
fantasere regeringen om eco overnatning gæstezoo
i 17-årige Ringkøbing
med sine kørekort
uden at unødvendige regler skal spænde ben
fra kl. 5 til kl. 20
for vinterbyggere, nybadere og skoledød
naturturisme både i og uden for højsæsonen
når Lynetteholmen skal bygges
pr. kvadratmeterentreprenør er
prisen for en storby
med profit
matador

IV

— at decimere —

uden for de store byer drejet nøglen om
ruste facaden af baglokalet
spartle ingen revne ud

indenfor stakittet
mellem land og by
hvor de ere rige og deilige!
som nedrivningspuljer
For eksempel Mille der stammede fra Viborg
eksotiske med migrantdialekt
og provinsiel ro
konfirmand kjole nederdel bryllup for to
borgerdrevne dagligvarebutikker med 6,6 mio. kr.
traditionen tro
der bare har at overleve
at intet Menneske saae den der i Græsset
mortifikation
med ping
nærbus-app

leves på mange forskellige måder
livet i Danmark
med DSB
Orange

— blå drømme —
passager
ombord IC3
i landsbyer og købstæder til livet
i de store byer
velocitet
den dag toget…
med crash
IC4

»Københavnerliv«
Jeg har hørt, at Linie 14
Går mod nord en tidlig morgen,
jeg har ikke set det selv.
Jeg har stået op for sent mit hele liv.

Jens August Schade[vi]

---

[i] Prolog: regeringspublikation-landdistriktsudspil.pdf

[ii] Samplingskilde: ibid.

[iii] Samplingskilde: digt, ›En historie om en dag hvor vi snublede ind i en have‹ 2020, Caspar Eric. nyskrevne-digte-om-kobenhavn-netop-nu-caspar-eric

[iv] Interlog: se note i

[v] Samplingskilde: eventyr, ›Gaaseurten‹ 1838, H.C.Andersen. kb.dk/elib/lit/dan/andersen/eventyr.dsl/hcaev010.htm

[vi] Epilog: digt, fra samlingen Hjertebogen,1930.

„O` zapft is! Auf eine friedliche Wiesn."

Fest des Münchner Bieres! ... das Oktoberfest hat begonnen. Millionen Menschen aus der ganzen Welt feiern friedlich das Fest des Münchener Bieres miteinander. Jedes Jahr im September wird die Theresienwiese zum Schauplatz gelebter Tradition, zu einem Ort der Gastlichkeit, der Freundschaft und Lebensfreude, zu einer Bühne der sprichwörtlichen Münchener Lebensart, für welche die Stadt weltbekannt ist.

Terror

– til Ekecheiria

I

– terror –
nu sig tiden nærme
september feste oktober farve
officiel
hil ›Augustiner‹ munk eremit
øl
Edelstoff, Dunkel, Weißbier
verdens bedste
Münchens ein Kloster gegründet hatten
siden 13-28
durch die extra lange und kalte Lager Zeit
gylden malt humle gær
ville jeg gerne
deltaget have
— sammen med —
das größte Volksfest der Welt
og gå banegården fra gåturen
med knive hvæssede alt
der Bayerstraße nach rechts bis zur
Kreuzung Hermann-Lingg-Straße
metaldetektor
Eintritt
turde jeg ikke tro
heldet mit

II

– terror –

nu sig tiden værne
regent skifte trone kongen
leve
Frederik d.10. titula
urne
Christian Erik Valdemar Emune
at blive en samlende konge af i morgen
siden 14. januar klokken 15
en almindelig søndag ualmindelig
folkefest
med visheden om, at jeg ikke står alene
tænke jeg tilskuer
flaget at vinke
i sne kanalregn med slud
— *forbundne og forpligtet* —
i mindelige tider umindelige
for frygtens fremtider
og hinke Amalien til Christians borg
Bredgade, Kongens Nytorv, Holmens Kanal
ville jeg gerne
glad som Johanne Martine Braren
Malgré Tout
øgede restriktioner mod droneflyvning
løfte blomsten min
ængstede jeg men
livet mit

III

– terror –

nu sig tiden bærme

Paris dyste ilden flamme

ånden

de Olympiske Guder til ære være

ouvrir les jeux à toutes et tous

Dike Astraea, Philotes, Nike

siden Hellas

la lutte contre les discriminations

største folkemængde nogensinde

"Citius, Altius, Fortius"

20-21 latin +

— Communiter —

føjet til sammen

på fransk jord

l'égalité, diversité, l'inclusion

udstationere 75.000 stk. gendarm

bombehund kamera helikopter

ville jeg gerne

préserver la dignité humaine et développer l'harmonie

i øjesyn se

flammeløberen

le Jardin du Carrousel

sejle

Les Champs-Élysées

flyve

La rue de Rivoli

I første række
ak skræk
hjemme jeg mig gemme

øst for dumhedens paradoks
dåre bæst idiot
homo est

What is "Olympic Truce"?

The tradition of the "Olympic Truce", or "Ekecheiria", was established in Ancient Greece in the ninth century BC through the signing of a treaty between three kings – Iphitos of Elis, Cleosthenes of Pisa and Lycurgus of Sparta – to allow safe participation in the ancient Olympic Games for all athletes and spectators from these Greek city-states, which were otherwise almost constantly engaged in conflict with each other.

Prolog
muenchen.de/veranstaltungen/freizeit/brauchtum/der-anstich
muenchnerbier.de/stadtkultur/das-oktoberfest

Samplingskilder

strofe I:
augustiner-braeu.de/brauerei
muenchen.de/veranstaltungen/oktoberfest
muenchnerbier.de/stadtkultur/das-oktoberfest
oktoberfest.de/en

strofe II:
kongehuset.dk/taler/h-m-kongens-proklamationstale
kongehuset.dk/nyheder/program-for-tronskiftet
politi.dk/koebenhavns-politi/nyhedsliste/vigtig-information-til-borgere/2024/01/09

strofe III:
olympics.com/cio/valeurs-olympiques
olympics.com/fr/paris-2024/nos-engagements/les-jeux-comme-levier-pour-l-egalite-et-inclusion/egalite-genre-et-lutte-contre-la-discrimination
olympedia.org/definitions/15
paris.fr/pages/5-lieux-pour-voir-la-vasque-olympique-s-elever-dans-le-ciel-de-paris-28041
paris.fr/pages/perimetres-de-securite-et-circulation...25203

Epilog
olympics.com/ioc/olympic-truce

le Berthélaine

Bibliografi

∫ Roman — Romantrilogi:
At overleve undergang
— en mosaik af eksistensens stemninger

∫ Essays — Trilogi om mennesket version II:
Poetic Parloir
— Post- and transhumanism

∫ Essays — Om kunsten i den digitale epoke:
Kunstmaleriet i den digitale tidsalders æra
The Work of Art in the Digital Age

∫ Digtsamling
Digte 2024 — eksistentielle betragtninger

∫ Roman — *In spee* kriminalgåde

FSC
www.fsc.org
MIX
Papir fra ansvarlige kilder
Paper from responsible sources
FSC® C105338